AF263587

CERCLE RÉPUBLICAIN SOCIALISTE

DE TOULOUSE

(Hte-Garonne.)

LIVRET du Citoyen ....

Prénoms : ....

Profession, ...

Domicile, ...

....

Membre (1) ....

admis le ....

TIMBRE DU CERCLE.   VISA DU SECRÉTAIRE GÉNÉRAL.

(1) Actif, honoraire ou correspondant.

Cercle Républicain Socialiste

Le 3 janvier 1897, il est fondé à Toulouse un cercle politique ayant pour titre :

CERCLE RÉPUBLICAIN SOCIALISTE

Ce groupement ne subira l'influence, ni d'un homme, ni d'une secte ; il sera le foyer où convergeront toutes les idées de réforme et de transformation sociale qui agitent si profondément notre époque.

Il a semblé aux militants du parti socialiste toulousain qu'il pourrait être utile d'ouvrir un chantier de travail en commun à tous les socialistes de bonne volonté, *sans distinction d'école,* où chacun pourra venir défendre librement ses idées personnelles, sans parti-pris et sans haine.

Il est fait appel à tous ceux qui, sur le terrain de la Liberté et de l'Egalité républicaine, travaillent à l'avènement d'une société délivrée de l'ignorance, de la misère, des dernières formes du servage et à la suppression de l'antagonisme des classes, par l'organisation sociale de la production et de la répartition des richesses.

Les membres du Cercle républicain socialiste ont adopté le programme suivant, qui constitue le but des aspirations du parti socialiste et à la réalisation duquel doivent s'employer tous ses adhérents.

L'emblème du Cercle est le drapeau rouge du prolétariat international.

PROGRAMME POLITIQUE

Revision de la Constitution par une Assemblée constituante.

Suppression du Sénat et de la Présidence de la République.

Chambre unique élue par le Suffrage universel.

Législation directe par le peuple, droit d'initiative et référendum.

Reconnaissance par la loi du mandat impératif et son assimilation au mandat civil.

Responsabilité effective des ministres avec sanction pénale, substituée à leur responsabilité parlementaire purement platonique.

Rémunération de toutes les fonctions électives.

Interdiction du cumul des fonctions électives et des emplois publics.

Introduction dans la Constitution de dispositions plaçant au-dessus de toute atteinte la liberté de la Presse et le droit de réunion en matière politique.

Organisation et mise à la disposition des électeurs de salles publiques de réunion, afin de permettre au peuple la libre discussion des affaires du pays.

DÉCENTRALISATION

Décentralisation politique, administrative et commerciale.

Autonomie communale, cantonale, départementale et régionale.

La commune maîtresse de son administration, de son budget, de sa police et de ses services publics.

Développement de la vie locale par l'élection, dans chaque arrondissement et chaque commune, des délégués des commissions scolaires, d'hygiène, de salubrité, d'assistance sociale et de sécurité des ateliers.

Réduction du haut personnel administratif, avec limitation des gros traitements par un maximum.

Augmentation des salaires et appointements des commis et agents inférieurs de l'Etat, employés à un travail effectif, actif ou sédentaire.

Accession à tout citoyen, par voie de concours, aux emplois de l'Etat, à tout degré et sans tenir compte des diplômes universitaires.

Responsabilité effective de tous les fonctionnaires.

FORTUNE PUBLIQUE

Abolition de l'hérédité du capital et de la propriété.

Dotation par l'Etat de l'homme arrivé à sa majorité.

ÉMANCIPATION DE LA FEMME

Emancipation sociale et politique de la femme, l'égale de l'homme.

INSTRUCTION PUBLIQUE

Instruction intégrale, laïque et gratuite, scientifique, professionnelle et militaire de tous les Français, à la charge de la société représentée par la commune et par l'Etat.

Généralisation de l'éducation physique.

QUESTION RELIGIEUSE

Séparation des Eglises et de l'Etat.

Abrogation du Concordat; suppression du budget des cultes.

Retour à la nation des biens dits de mainmorte, meubles et immeubles possédés par les congrégations religieuses.

Sécularisation des hospices, maisons de secours, cimetières, etc., etc.

DETTE PUBLIQUE ET IMPOTS

Suppression de la dette publique et sa transformation en dette amortissable avec application de ce principe à la prochaine conversion.

Abolition du privilège de la Banque de France.

Institution du Crédit national au travail agricole et industriel.

Annulation de tous les contrats ayant aliéné la propriété publique, mines, canaux, moyens de transports, chemins de fer, institutions de crédit, établissement thermaux, éclairage, eaux, etc.,

Transformation en services publics nationaux, de tous les biens concédés ou abandonnés à des compagnies privées, soit Crédit foncier, assurances, etc., etc.

Gestion par les seuls intéressés des caisses particulières d'épargne, de secours, de retraites, etc., etc.

Réforme générale de l'impôt et de son mode de perception.

Abolition des contributions indirectes et des taxes d'octroi.

Transformation des impôts directs en impôts gradués ou progressifs sur les revenus dépassant 3,000 francs.

Substitution aux droits de patente d'un impôt gradué atteignant les bénéfices professionnels au delà de 3,000 francs.

Exonération de la cote mobilière pour toute habitation d'un loyer de 500 francs et au-dessous.

Introduction dans l'impôt du principe de la détaxe proportionnelle aux charges de famille.

ARMÉE NATIONALE

Suppression des armées permanentes.

Substitution des milices nationales organisées par région, aux armées permanentes.

Armée nationale consacrée exclusivement à la défense de la nation.

Réduction du temps de service en temps de paix.

Interdiction de toute action militaire ou expédition coloniale sans la volonté formelle du pays consulté à cet effet.

Droit de déclaretion de guerre exclusivement réservé à la nation.

Les conflits internationaux séront soumis à l'arbitrage

JUSTICE

Election au suffrage universel des juges et des jurys d'arbitrage.

Gratuité de la justice.

Revision dans un sens égalitaire des lois qui

établissent l'infériorité civile et politique du travailleur, des femmes et des enfants naturels.

Réparation morale et pécuniaire aux victimes d'erreurs judiciaires, de l'arbitraire administratif et de la police.

Liberté de la défense ; abolition du privilège de l'ordre des avocats.

Abolition des charges civiles et judiciaires, notaires, avoués, agrées, syndics, commissaires priseurs, huissiers, etc., etc., dont les services seront confiés à des commis salariés par l'Etat.

ASSISTANCE PUBLIQUE

Réorganisation et transformation de l'assistance publique — basée actuellement sur l'aumône — en service public de solidarité et d'assurance sociale établie sur le droit de chacun à l'existence garantie par la société.

Application de toute mesure pouvant faire disparaître ou atténuer la misère, la prostitution et arrêter la dépopulation.

Extension du système des colonies agricoles ou industrielles devant remplacer les maisons dites de correction.

Mise à la charge de la société des vieillards et des invalides du travail.

Allocations aux familles nombreuses.

Indemnité régulière aux mères allaitant elles-mêmes leurs enfants.

Création de stations balnéaires ou thermales pour les enfants rachitiques ou anémiques.

Organisation du service gratuit de la santé publique.

Extension du service des secours à domicile.

Généralisation du service d'hygiène de l'habitation.

Obligation pour les communes de veiller à la salubrité des logements.

Réorganisaiion du Mont-de-Piété ; suppression des frais fixes ; abaissement à 1 franc du prêt minimum et réduction graduelle de l'intérêt sur les prêts peu élevés ; suppression de tout intérêt sur les articles de literie, linge de corps, et autres objets d'un usage personnel et de minime valeur.

RÈGLEMENTATION DU TRAVAIL

Intervention de l'Etat dans le domaine du travail et dans les relations entre patrons et salariés occupés dans l'industrie, le commerce, l'agriculture, les grandes compagnies de transport, les entreprises publiques ou privées, les banques, les institutions de crédit, etc., etc.

Suppression des monopoles, privilèges et charges confiées arbitrairement à des particuliers.

Statistique permanente du travail, des salaires et du prix des denrées dans les différentes régions du pays.

Application de toutes mesures pouvant empêcher l'accaparement du blé, sucre, vin et tous articles de première nécessité.

Abrogation de toutes les dispositions restrictives établies contre les Sociétés de secours mutuels, les Syndicats professionnels et l'internationale des travailleurs.

Extension du principe de la loi sur les délégués mineurs, à toutes les branches du travail national.

Nomination, dans chaque corporation, d'inspecteurs choisis par les travailleurs eux-mêmes, chargés de la surveillance de tous les établissements de travail publics et privés, et ayant qualité pour constater toute infraction aux lois sur le travail.

Généralisation de l'institution des tribunaux de prud'hommes avec extension de leur compétence à tous les litiges, différents et conflits individuels ou collectifs pouvant survenir entre les employeurs et les salariés.

Suppression de l'appel devant les tribunaux de commerce; institution d'un jury.

Suppression des bureaux privés de placements; ce service d'utilité publique devant fonctionner gratuitement par les soins et sous la surveillance des Syndicats professionnels ou, à défaut, des municipalités.

Abolition du calendrier Grégorien.

Institution d'un calendrier socialiste avec la semaine de cinq jours pour base.

Limitation de la durée *maximum* de la journée de travail à huit heures pour les adultes, et à six heures pour les enfants et jeunes filles au-dessous de 18 ans.

Création des écoles professionnelles pour détruire l'exploitation des apprentis.

Repos d'un jour par semaine assuré à tous les salariés.

Interdiction absolue du travail de nuit pour les femmes et les enfants.

Interdiction aux femmes et enfants de tout travail dangereux ou nuisible à la santé.

Responsabilité des employeurs en matière

d'accidents ou de maladies professionnelles, réalisée par une indemnité conformément aux articles 1382 et 1383 du Code civil, avec application, s'il y a lieu, des articles 319 et 320 du Code pénal.

Fixation d'un « minimum » de salaire pour chaque corporation.

Interdiction par les employeurs d'occuper des ouvriers étrangers à d'autres conditions que celles fixées aux salariés français.

Application du décret de 1848 qui interdit le marchandage.

Participation des salariés dans l'élaboration des règlements disciplinaires et administratifs des établissements où ils sont occupés, avec ratification par le conseil des prud'hommes.

Règlementation du contrat de travail, prévoyant les conditions de durée, de salaire, de sécurité, de stabilité, d'hygiène, etc., etc., et fixant l'indemnité à payer en cas de brusque rupture du dit contrat.

Interdiction aux employeurs de frapper leurs salariés d'amendes ou de retenues de salaires.

Abolition de la concurrence faite par les prisonniers et les congréganistes aux travailleurs de l'industrie privée.

Interdiction du travail dans les prisons au-dessous des tarifs élaborés par les Syndicats professionnels.

Développement des associations corporatives.

Application de toutes mesures pouvant acheminer les travailleurs du régime du salariat à celui de l'association et devant progressivement trans-

former toutes les entreprises privées ou con-
cédées en services publics.

Exécution de travaux publics confiés directe-
ment aux associations ouvrières sans adjudication
ni cautionnement.

Revision démocratique de la loi de 1841 sur
l'expropriation pour cause d'utilité publique.

Création d'une caisse nationale de chômage
pour secourir les travailleurs victimes des crises
économiques qui se produisent périodiquement.

Législation internationale du travail.

Adhésion de la France à toute mesure ayant
pour but l'unification des tarifs des produits du
travail, de l'agriculture, du commerce, de l'industrie, de la circulation, du transport et de
l'échange afin d'atténuer et de faire disparaître la
concurrence des nations entr'elles.

MOYENS SOLUTIONNISTES

*Pour réaliser son programme politique, le
Cercle Républicain Socialiste de Toulouse désire,
au point de vue international, l'alliance défen-
sive entre toutes les Républiques du monde.*

*Au point de vue national, il secondera la po-
litique du groupe des représentants républicains
socialistes au Parlement français.*

*Au point de vue communal, il s'efforcera de
conquérir le pouvoir municipal, pour réaliser
dans ce domaine les réformes qu'il préconise.*

Citoyens !

Le Programme qui précède indique succinctement vos droits et vos devoirs.

Venez grossir nos rangs pour les revendiquer et les remplir.

Que cette fin de siècle soit la fin de ce monde égoïste, où seul le riche a profité des bienfaits de la nature, de la science et de l'éducation ; où méprisé, le pauvre a souffert tous les esclavages et toutes les humiliations.

Vous êtes le nombre, vous serez la force et la majorité, si vous le voulez comme nous ; et votre volonté, consciente et raisonnée, détruisant les injustes privilèges du passé, gravera — non pas seulement sur les murs — mais dans le cœur de tous les Français, les grands mots de Liberté ! Égalité ! Fraternité ! *que nos gouvernants ont toujours méconnus.*

Vive la France Républicaine et Socialiste !

STATUTS

ARTICLE PREMIER. — Il est créé à Toulouse, entre les citoyens qui adhèrent aux présents Statuts, une association ayant pour titre : *Cercle républicain socialiste.*

ART. 2. — Son siège social est fixé à Toulouse.

ART. 3. — Le Cercle se compose : 1° de membres actifs ; 2° de membres honoraires ; 3° de membres correspondants. Le nombre des membres est illimité.

ART. 4. — Nul ne peut faire partie du Cercle s'il n'est Français, majeur et en possession de ses droits civils et politiques.

ART. 5. — Tous les membres sont présentés par la Commission administrative et admis par l'Assemblée générale.

ART. 6. — Les nouveaux admis doivent approuver et signer le Programmme, les Statuts et le Règlement.

ART. 7. — Le Cercle est administré par une Commission de douze membres pris parmi les membres actifs domiciliés dans la commune de Toulouse ; ces membres sont élus en Assemblée générale et à la majorité absolue. La Commission choisit dans son sein un Secrétaire général, un Secrétaire adjoint, un Secrétaire correspondant, un Trésorier principal, un Trésorier adjoint, un Archiviste et quatre Commissaires de surveillance.

La Commission administrative représente le Cercle dans tous ses actes : elle perçoit les cotisations ; elle a, en un mot, la gestion du Cercle.

ART. 8. — Nulle dépense extraordinaire ne doit être faite si, au préalable, le Cercle ne l'a pas autorisée par un vote émis en Assemblée générale.

ART. 9. — Le fonds social est composé des cotisations de tous les membres du Cercle, des intérêts des fonds placés et généralement de toutes les sommes légalement perçues dans l'intérêt de l'association. Le fonds de caisse confié au Trésorier ne pourra dépasser la somme de 100 fr. Le Trésorier sera tenu de déposer le surplus en son nom personnel à la Caisse d'épargne.

ART. 10. — Il ne peut être apporté de modification aux présents Statuts que sur la proposition collective de vingt membres au moins. Cette modification devra être approuvée à la majorité absolue par l'Assemblée générale.

ART. 11. — La dissolution du Cercle ne peut être prononcée qu'en Assemblée générale, spécialement convoquée à cet effet, et par un nombre égal aux trois quarts des membres inscrits.

ART. 12. — Après la dissolution, les fonds libres, s'il en existe, seront versés au Bureau de bienfaisance, ou à la caisse des écoles.

RÈGLEMENT

ARTICLE PREMIER. — Le *Cercle républicain socialiste* est administré par une Commission qui se compose de douze membres élus pour un an au scrutin secret et uninominal.

Nul n'est élu au premier tour s'il n'a pas réuni la majorité absolue des membres présents et votants ; en cas de partage égal des voix, la priorité est acquise au bénéfice de l'âge.

Les membres sortants sont rééligibles. Toutes les fonctions sont gratuites.

ART. 2. — La Commission administrative a les pouvoirs les plus étendus dans l'intérêt du Cercle. Elle juge de la solution à donner aux questions qui n'auraient pas été prévues par le Règlement. Elle se réunit aussi souvent que l'exige le bon fonctionnement du Cercle.

ART. 3. — Le Secrétaire général est chargé de la rédaction des procès-verbaux des Assemblées générales.

ART. 4. — Le Secrétaire adjoint est spécialement chargé des convocations des Membres du Cercle, et remplace le Secrétaire général en cas d'absence.

ART. 5. — Le Trésorier principal est chargé de la comptablité du Cercle. Il perçoit tous les fonds provenant des versements des membres. Il est responsable des fonds et des titres dont il est le détenteur. Il rend compte de la situation de la caisse en Assemblée générale le premier samedi des mois de janvier, avril, juillet et octobre.

Il doit faire connaître la situation financière du Cercle à la Commission toutes les fois qu'il y sera invité par elle.

Art. 6. — L'Archiviste a la direction de la bibliothèque. Il propose à la Commission les meilleurs ouvrages à acquérir : livres, revues, brochures, etc. Il est chargé de la bonne tenue des archives.

Art. 7. — Le Secrétaire correspondant est chargé de correspondre avec l'extérieur et de tenir au courant des affaires du Cercle les membres correspondants.

Art. 8. — Les commissaires sont chargés de vérifier la gestion du Cercle et son bon fonctionnement; ainsi que de maintenir l'ordre dans les Assemblées générales.

Art. 9. — Le Cercle se compose de membres adhérents, de membres honoraires et de membres correspondants. Les membres adhérents doivent payer une cotisation mensuelle de 0 fr. 50, et un droit d'admission de 0 fr. 50. Les versements des membres honoraires et des membres correspondants sont facultatifs.

La délivrance du livret d'identité est gratuite et opérée contre le versement du droit d'admission.

Art. 10. — Tout citoyen qui désire faire partie du Cercle doit adresser au Secrétaire général une demande appuyée par deux membres du Cercle. Les admissions sont faites par l'Assemblée générale, à la majorité des membres présents et votants et au scrutin secret.

Art. 11. — Tout employé à titre ordinaire et constant de la préfecture et de la mairie ne peut pas faire partie du Cercle.

Art. 12. — L'Assemblée générale prononce les radiations et reste juge des suites à donner aux démissions.

L'exclusion définitive est prononcée dans les cas suivants : pour condamnation infamante, pour acte ou fait pouvant porter un préjudice moral ou matériel au Cercle ou aux membres qui le composent. Les enquêtes, soit pour les admissions, soit pour les radiations, sont faites par les soins de la Commission administrative. L'intéressé, pour l'exclusion, doit toujours être entendu s'il en fait la demande.

Art. 13. — Tout membre en retard de trois mois pour le paiement de sa cotisation, ne pourra prendre part ni aux délibérations, ni aux votes des Assemblées. Il sera informé dans la première semaine du quatrième mois, par les soins du Trésorier, que s'il ne se met pas en règle avec la caisse du Cercle, son exclusion sera prononcée de droit, à moins de cas de force majeure ou d'excuse valable.

Art. 14. — Les membres démissionnaires peuvent être réintégrés après une demande écrite adressée à la Commission qui la soumet à l'Assemblée générale dans la forme ordinaire des admissions.

Art. 15. — Le Cercle se réunit en Assemblée

générale le premier samedi de chaque mois, jour où devront être effectués les versements mensuels, et plus souvent s'il est nécessaire.

ART. 16. — L'ordre du jour est fixé par la Commission administrative.

ART. 17. — Les membres du Cercle doivent se conformer strictement au règlement. Ils doivent le plus grand respect au président de séance ; les insultes au président peuvent donner lieu à l'exclusion du membre qui s'en serait rendu coupable.

Tout citoyen qui troublerait avec persistance l'ordre dans une assemblée, pourra être expulsé de la salle.

Un citoyen ne pourra parler sur le même sujet plus de trois fois, à moins d'y être autorisé expressément par l'Assemblée.

ART. 18. — Les jeux de hasard sont formellement interdits dans le Cercle.

ART. 19. — Les citoyens étrangers au Cercle ne peuvent y pénétrer qu'accompagnés par un membre en faisant déjà partie. Ils devront être présentés dès leur entrée au bureau de séance.

Nul ne peut assister aux Assemblées générales s'il n'est pas membre du Cercle.

ART. 20. — La Bibliothèque (journaux, brochures, etc.), est mise gratuitement à la disposition des membres dans l'intérieur du cercle, rien ne pouvant être emporté au dehors.

ART. 21. — Toute modification au règlement doit être proposée et étudiée en commission administrative pour être soumise ensuite au jugement de l'Assemblée générale des membres du Cercle.

ANNÉE _______________.

MOIS	VERSEMENT ordinaire.	VISA DU TRÉSORIER	VERSEMENT extraordinaire
Janvier....			
Février...			
Mars.... .			
Avril......			
Mai			
Juin......			
Juillet			
Août......			
Septembre.			
Octobre ...			
Novembre..			
Décembre..			
TOTAL..		TOTAL...	

ANNÉE ....

MOIS	VERSEMENT ordinaire	VISA DU TRÉSORIER	VERSEMENT extraordinaire
Janvier.... .			
Février			
Mars...... .			
Avril... ..			
Mai			
Juin			
Juillet.... .			
Août			
Septembre.			
Octobre....			
Novembre.			
Décembre..			
TOTAL.. .		TOTAL...	

MOIS	VERSEMENT ordinaire.	VISA DU TRÉSORIER	VERSEMENT extraordinaire
Janvier....			
Février...			
Mars.... .			
Avril......			
Mai			
Juin......			
Juillet			
Août......			
Septembre.			
Octobre ...			
Novembre..			
Décembre..			
TOTAL..		TOTAL...	

MOIS	VERSEMENT ordinaire	VISA DU TRÉSORIER	VERSEMENT extraordinaire
Janvier....			
Février ...			
Mars......			
Avril... ..			
Mai			
Juin			
Juillet....			
Août			
Septembre.			
Octobre....			
Novembre.			
Décembre..			
TOTAL..		TOTAL...	

ANNÉE

MOIS	VERSEMENT ordinaire.	VISA DU TRÉSORIER	VERSEMENT extraordinaire
Janvier....			
Février...			
Mars.... .			
Avril......			
Mai			
Juin......			
Juillet			
Août......			
Septembre.			
Octobre ...			
Novembre..			
Décembre..			
Total..		Total...	

ANNÉE ....

MOIS	VERSEMENT ordinaire	VISA DU TRÉSORIER	VERSEMENT extraordinaire
Janvier....			
Février ...			
Mars......			
Avril... ..			
Mai			
Juin			
Juillet			
Août			
Septembre .			
Octobre....			
Novembre.			
Décembre..			
Total..		Total